dtv

Frauen sind das angeblich schwache Geschlecht. Doch in den hier versammelten Versen ist davon nichts zu spüren. Schlau, schlagfertig, klug und gewitzt lassen die Damen große Geldscheine verschwinden, überstehen Blind Dates und machen sich ihre ganz eigenen Gedanken zur Liebe und natürlich: zu den Männern.
Die Herausgeber Michael Frey und Andreas Wirthensohn mischen zeitgenössische Texte mit echten Klassikern und machen dieses Buch zum idealen Mitbringsel für Mütter, Schwestern, Freundinnen – und natürlich: für alle neugierigen Männer, die die Frauenwelt mal von einer anderen Seite kennenlernen wollen.

Michael Frey, geboren 1959, lebt als freier Verlagslektor in Bonn und besitzt eine umfangreiche Lyrikbibliothek.
Andreas Wirthensohn, Dr. phil., geboren 1967, lebt als freier Lektor, Übersetzer und Literaturkritiker in München. Gemeinsam veröffentlichten sie 2010 den erfolgreichen Geschenkband ›Wieder alles weich und weiß‹ (13926), im Jahr 2012 ›Prost & Mahlzeit‹ (14090) und nun parallel zum vorliegenden Band die ›Gedichte für Männer‹ (14216) bei dtv.

GEDICHTE FÜR
FRAUEN

Herausgegeben von Michael Frey
und Andreas Wirthensohn

Deutscher Taschenbuch Verlag

Von den Herausgebern Michael Frey
und Andreas Wirthensohn
sind im Deutschen Taschenbuch Verlag erschienen:
Wieder alles weich und weiß.
Gedichte vom Schnee (13926)
Prost & Mahlzeit.
Gastronomische Gedichte (14090)
Gedichte für Männer (14216)

**Ausführliche Informationen über
unsere Autoren und Bücher
finden Sie auf unserer Website
www.dtv.de**

FSC www.fsc.org
MIX
Papier aus verantwortungsvollen Quellen
FSC® C019821

Originalausgabe 2013
Deutscher Taschenbuch Verlag GmbH & Co. KG,
München

Umschlagkonzept: Balk & Brumshagen
Umschlaggestaltung und -illustration: Ruth Botzenhardt
Gesetzt aus der Minion 10/13˙
Satz: Greiner & Reichel, Köln
Druck und Bindung: Druckerei C.H. Beck, Nördlingen
Gedruckt auf säurefreiem, chlorfrei gebleichtem Papier
Printed in Germany · ISBN 978-3-423-14215-1

Inhalt

I

Allertagemorgen

Lydia Daher
* 1980

Ach, ewiger Revisionismus

Heute Früh
aus Versehen die Nachtcreme benutzt.
Die Sonne zuckte.

Ich schluckte.
Zog Kajal, als teerte ich Straßen
am Rande ferner Planeten.

Und dachte, ich hätte
wen winken gesehen.

Später zog ich
dem Kaktus im Bad seine Stacheln.
Er braucht sich vor mir
nicht zu fürchten.

Wir wachsen langsam
und werden alt.
Ich glaub, unsre Kopfform
ist ähnlich.

Tina Gintrowski
* 1978

Allertagemorgen

auch wenn er noch so perfekt gezogen ist der scheitel muss jeden morgen neu angerichtet werden spülen des haarbergs durchforsten mit kamm und sortieren der fäden wir waschen stets die gleiche vorderfront die nase bleibt groß die poren verpfropft die augen verklebt wir reinigen und reinigen und reinigen die zähne wir glätten die achsel polieren den po es folgt das bekleiden: schlüpfern hemdeln hosen und schnüren wir etwa nicht späterhin noch den schuh ein bein folgt dem anderen und zwei hände wissen besser als gut ist was sie immer wieder tun

Susanne Neuffer
* 1951

maskerade 2

ich sehe es nicht im spiegel
da lächle ich schnell genug
werfe die haare um mich

sichtbar wird nur
auf fotos:
dass das fleisch von den knochen fallen
und erde zu erde will

die ablage im bad
ist vollgestellt mit letzten ölen
täglich mache ich mir das gesicht
das mir einen guten abgang sichern soll

Karin Kiwus
* 1942

Make-off

Aus einer anderen Welt erscheine ich mir
  flackernd in diesem Spiegel
    als gefallener Engel
  ein Altarbild
          unsrer lieben Frau
    von der gesellschaftsfähigen Schönheit
verhangen in den Tagesschatten
  abgeblitzt in einzelnen Momenten und tief
eingependelt zwischen verzerrten Mundwinkeln

Alle Poren spüre ich öffnen sich
  zu Löchern in der Luft
aus den Augen rinnt flüssiges Porzellan
  das Fliegennetz über den Haaren reißt
und dünn in Zweierreihen laufen
  die Ameisen aus unter den Nasenflügeln

Mein entführtes Gesicht ertaste ich
    sacht mit den Fingerspitzen
        ein paar Handgriffe noch wie im Schlaf
Reinigungsmilch unter die Haut Lotion auf die Tupfer
    erfrischen und glätten und alles regenerieren
und die Fassung zurückgewinnen en face und
    ein Aufwind im Dunstkreis über dem Körper
        eine Dusche und eine Emulsion
und drei vier Tropfen DNS endlich
    als Stärkung für den nächsten Tag

Die Adstringenzien regelmäßig
    nicht zu vergessen
        eine hingebungsvolle Pflege
und über Nacht
                        über Nacht wenigstens im Traum
    paßt mein Bild wieder in seinen Rahmen

Gabriele Wohmann
* 1932

Die ältere Freundin

Warum umarmt mich
Meine ältere gutmütige Freundin
So mitleidig, was hat sie denn
Will sie haben – wir sehen uns
Ganz bald mal
Ganz allein, nur wir zwei …
Nachfragen! Nein-Sagen! Aber ich
Lasse mich einwickeln
Soll ich sie kränken?
Meine Liebe! Sie drückt an mir herum
Ohne Anlaß erschüttert
Warum blickt sie
Mir ausgerechnet in die Augen
Und mit so viel Nachdruck
So tröstlich, verdammt herzlich
Oh wie sie wünscht – was denn
Was ist denn los
Zu ihrem Kummer
Gar nichts

Nicht mit mir
Ich komme mir plötzlich
Derartig schwer verkäuflich vor
Ich müßte ihr einen
Notstand anbieten können …
Du besuchst uns bald
Beruhigt sie mich
Danke – ich antworte eingeschläfert
Will dort nicht hin
Gern habe ich meine
Ältere gutmütige Freundin,
Wenn es mir gut geht
Vermißt sie mich allen Ernstes
Ich bin der Typ
Für ein Mitleid
Eine Betroffenheit
Für ein Gespräch
Unter vier Augen
Abwinken, endlich

Ich komme gut
Zurecht mit dem Abschied.

Dirk von Petersdorff
* 1966

Alter Freund, alte Freundin

Das Leben ging so leicht wie Rennradfahren
im weißen Flatterhemd zum Ostseestrand,
als wir noch straff und voller Zukunft waren,
rieb ich auf deinen Rücken Creme und Sand.
Der Salzgeruch vom Meer, das war die Frühe,
man tat so viele Dinge ohne Grund –
jetzt ist in deinem Lächeln manchmal Mühe,
und bitte kauf dir keinen Schäferhund.
Die vollen Lippen waren nur geliehen,
es geht nicht darum, Süße, sich zu halten,
in Jahren, die wie Ostseewolken ziehen,
sind wir Modelle, die nun sanft veralten:
  Ich seufze plötzlich auf im Sommerwind,
  und du brauchst einen Mann, du willst ein Kind.

Mascha Kaléko
1907–1975

»Alte Flamme« bei Lichte besehen …

Das also ist der Abgott, der vor Jahren
Mein Herz bewohnte einen Sommer lang!
– Und dies die Augen, dies der Stimme Klang,
Die meinem Leben Licht und Kompaß waren …
Man denke, einen ganzen Sommer lang!

Gebrochne Herzen waren aus der Mode.
Doch ich, ein völlig unmodernes Kind,
Ich wartete im Regen und im Wind
Und sehnte einen Herbst lang mich zu Tode.
Erst heute sehe ich: Monsieur, Sie sind
Ein Jammer-Denkmal jener Episode.

… Ist das der Held von damals? Dieser zahme
Herr Doktor, seiner Gattin Untertan?
Verlorner Schlachten müder Veteran:
Ich geh an dir vorbei (du, dessen Name
Mein Herz einst brausen ließ wie ein Orkan!)
Und bleib incognito, »die fremde Dame«.
– So ähnlich endet mehr als ein Roman.

Joachim Ringelnatz
1883–1934

Schöne Fraun mit schönen Katzen

Schöne Fraun und Katzen pflegen
Häufig Freundschaft, wenn sie gleich sind,
Weil sie weich sind
Und mit Grazie sich bewegen.

Weil sie leise sich verstehen,
Weil sie selber leise gehen,
Alles Plumpe oder Laute
Fliehen und als wohlgebaute
Wesen stets ein schönes Bild sind.

Unter sich sind sie Vertraute,
Sie, die sonst unzähmbar wild sind.

Fell wie Samt und Haar wie Seide.
Allverwöhnt. – Man meint, daß beide
Sich nach nichts, als danach sehnen,
Sich auf Sofas schön zu dehnen.

Schöne Fraun mit schönen Katzen,
Wem von ihnen man dann schmeichelt,
Wen von ihnen man gar streichelt,
Stets riskiert man, daß sie kratzen.

Denn sie haben meistens Mucken,
Die zuletzt uns andre jucken.

Nathalie Schmid
* 1974

verspannung

du fragst mich welche strasse wir jetzt nehmen
ich kann die karte nicht lesen weiss nicht
wie sie halten sie fällt auf eisschollen die
da zwischen uns treiben du blickst so starr
geradeaus ziehst luft ein die leise pfeift
meine hand fährt über linien und punkte und weiss
nicht wo wir uns befinden die karte schickt
stromstösse aus es wird kalt hier wo sind wir
die strasse müsste sich dort wenden dein gesicht
so steil eine felswand zu schroff für meine kenntnis
von ort und gelände es ist zeit sich zu erinnern
an kurven weite felder aber hinter all diese schildern
keine ausfahrt keine markierung allein in eine
richtung ziehen deine stumm geschleuderten fragen
nach der verbindung meiner ungleichen hirnhälften

Lydia Daher
* 1980

Jahr ohne Sommer

Geh nur nach Istanbul. Geh nach New York.
Geh nach Paris. Ich werde schreiben,
dass hier nichts passiert.
Dass bloß das Rauchen mir leichter fällt.
Ich stelle mir dich an Briefkästen vor.
Wie eine Erinnerung kommt
und deinen Alleingang bewacht.
Und schon stehst du
irgendwo in der prallen Luft
und der Postbote läuft vorbei.
Nicht jede Geschichte, die als Explosion beginnt,
muss zwangsläufig in Asche enden.
Zwei Zeitungszeilen, fast abgeschickt,
nachdem mein Fuß, mein einsamster,
auf einen andren Boden fiel
als deiner.
Wer weiß, wozu es sie gibt:
die langsame Prosa des Tagezählens,
Frau mit Dogge in Skyscraperschatten,

Tonskulptur mit schmalem Mund.
Dein Haar wächst nach,
wo du auch bist.
Nur kurz hält es an
auf Fotoabzügen.

Michael Wildenhain
* 1958

Cocktail

Sie hebt die Augen sie redet leise
Der Strohhalm aus Plastik verfängt sich im Haar
Pfefferminz sagt sie der Mann lächelt weise
Schlank wie zwei Striche der Film zeigt ein Paar

Ah sagt der Mann und piekt mit dem Pieker
Nach einer Kirsche die glucksend versinkt
Ach sagt die Frau und senkt beide Lider
Während sie grüne Flüssigkeit trinkt

Gabriele Wohmann
* 1932

Die Hausfrau

Während sie gähnte, lustlos wie üblich
Gegen 12 Uhr 30, erlahmt vom Haushalt
Und nicht freiwillig so aussah wie sie aussah
Keinen richtig gern hatte
– Jetzt war mal wieder das Mittagessen fällig –
Fiel ihr die Kreuzung ein
Die unübersichtliche Markierung
Die schlechte Regelung der Vorfahrt
Alltäglich für ihren Mann
Den sie alltäglich sofort vergaß
Wenn er wegfuhr, dann weg war
Dem sie, in der letzten Zeit sogar häufiger
Das freie Wochenende nicht von Herzen gönnte
Und *Ich habe ja nie frei* sagte.
Wie bewußtlos sie sich doch an alles gewöhnt hatte
An ihn und dieses Einerlei
An dieses große Glück, an das Wunder
Daß sie doch immer wieder nicht
Ihren Mann verlor bei einem Unfall.

Da verging der Hausfrau das Gähnen
Sie versuchte *laß alles beim alten* zu beten
Sie packte seinen Mantel
Sie riß einen Knopf ab
Beim Wiederannähen vom Knopf an den Mantel
Empfand sie das gewöhnliche Glück auf der Kreuzung.

Mascha Kaléko
1907–1975

Damen unter sich

Ist Ihnen schon einmal aufgefallen,
Was geschieht,
Wenn eine alternde Hyäne
Eine jugendliche Schöne sieht?

Ein Schlangenbiß ist ein Kinderkuß
Gegen diesen Blick!
Meine Damen, das stimmt Sie verdrießlich?
Anwesende ausgenommen. Ich meine ausschließlich
Jene neidischen alten Scharteken.

Doch kommen wir zurück
Auf besagten Blick.
Der Blick spricht Bibliotheken.

Werte Hyänen! Gönnet dem Kind
Die flüchtigen Jahre. Vergänglich sind
Schönheit und Jugend. Und, wie ihr wißt,
Schwindet die karg bemessene Frist.
Achtzehn und dreißig.
Am Schluß, mit Verlaub,
Bleibt von uns allen
Ein Döschen voll Staub.

Auch ohne den Dolchblick
Und ohne das Gift,
Wenn eine Hyäne die andere trifft.

Ror Wolf
* 1932

Kaffee und Kuchen

hört das thema von den nassen
schwarzen frauen in bewegung
hört das rauschen womit kaffee
eingefüllt wird in die tassen

seht am sonntag die bewegung
schwarzer frauen die in stücken
die am sonntag auf dem sofa
ihre runden köpfe rücken

ihrer körper nasse schwärze
seht gesicht und rumpf und lende
auf dem sofa seht am sonntag
auf dem tisch das rot der hände

knisternd reiben raschelnd reiben
witwenkleider und pleureusen
auf dem leib dem schweren breiten
weichen weißen und porösen

rot geschwollen in die mitte
hüpfen hände hin zum kuchen
aufgesperrt der mund zum schreien
oder diesen zu versuchen

ach getaucht gesicht in tiefe
tassen aufgesperrt vom schmerze
feucht dem auge gegenüber
steht kaffee in seiner schwärze

dampfend in den becher bitter
schwarz kommt kaffee aus der kanne
doch wird ganz erheblich heller
schwarzer kaffee durch die sahne

heiß in tassen steht er erstens
erstens schwarz der kaffee räumlich
und zum schwarz kommt weiß und mischt sich
zweitens und wird plötzlich bräunlich

drittens aus dem napf der kuchen
dessen brocken auf dem tische
liegen eingetaucht in tassen
süß damit im mund sich mische

kuchen und kaffee doch weiter
überm sofa steht im rahmen
bleich und ernst den zuckerbäcker
wo er hängt in gottes namen

ach vom tisch die kuchen springen
und zum brustbild mit gelächter
sagt die frau mit ihrem finger
dieser mann er war kein schlechter

II

Sie, zu ihm

Friederike Mayröcker
* 1924

wie ich dich nenne

wie ich dich nenne
wenn ich an dich denke
und du nicht da bist:

meine Walderdbeere
meine Zuckerechse
meine Trosttüte
mein Seidenspinner
mein Sorgenschreck
meine Aurelia
meine Schotterblume
mein Schlummerkind
meine Morgenhand
mein Vielvergesser
mein Fensterkreuz
mein Mondverstecker
mein Silberstab
mein Abendschein
mein Sonnenfaden

mein Rüsselhase
mein Hirschenkopf
meine Hasenpfote
mein Treppenfrosch
mein Lichterkranz
mein Frühlingsdieb
mein Zittergaul
meine Silberschnecke
mein Tintenfasz
mein Besenfuchs
mein Bäumefäller
mein Sturmausreiszer
mein Bärenheger
mein Zähnezeiger
mein Pferdeohr
mein Praterbaum
mein Ringelhorn
meine Affentasche
meine Winterwende

meine Artischocke
meine Mitternacht
mein Rückwärtszähler

(da capo!)

Georg Friedrich Daumer
1800–1875

Ein solcher ist mein Freund

Ein solcher ist mein Freund,
Ein solcher ist mein Buhle,
Ein einziger, erlesener
Aus sämtlicher Männer Schar:
Wie ein Rabe, so schwarz sein Haar,
Und seine milden Augen
Ein Tauben-Augenpaar.
Sein Leib, wie Elfenbein,
Und wie gehaun aus Marmor
Der Schenkel Prachtgebilde,
Wie Lüfte, die gelinde
Hinsäuseln über Rosen,
Sind seine Minnegrüße,
Wie des Honiges Seim an Süße
Die Küsse, die er beut,
Sein ganzes Sein und Wesen
Nur Glück und Seligkeit.

Erika Burkart
1922–2010

Liebesgedicht

Wie glänzt dein Auge von dem, was du nicht weißt.
Ich liebe dich, weil du Rätsel verwaltest,
die ohne Lösung sind und ein Leiden.

Schön und tief ist dein Auge,
weil du dem Schmerz
Sinn zugestehst und Inbrunst der Welt.
Unwiderstehlich ist dein Vertrauen
auf die Antwort, der keine deiner Fragen genügt.

Lieben ist eine Weise zu fragen.
Wenn du noch Götter zu finden hoffst, liebe.
Lieben ist eine Weise, zu suchen,
was, unauffindbar, zur Hand ist.

Christiana Mariana von Ziegler
1695–1760

Das männliche Geschlechte, im Namen einiger Frauenzimmer besungen

Du Weltgepriesenes Geschlechte,
Du in dich selbst verliebte Schar,
Prahlst allzusehr mit deinem Rechte,
Das Adams erster Vorzug war.
Doch soll ich deinen Wert besingen,
Der dir auch wirklich zugehört;
So wird mein Lied ganz anders klingen,
Als das, womit man dich verehrt.

Ihr rühmt das günstige Geschicke,
Das euch zu ganzen Menschen macht;
Und wißt in einem Augenblicke
Worauf wir nimmermehr gedacht.
Allein; wenn wir euch recht betrachten,
So seid ihr schwächer als ein Weib.
Ihr müßt oft unsre Klugheit pachten,
Noch weiter als zum Zeitvertreib.

Kommt her, und tretet vor den Spiegel:
Und sprechet selbst, wie seht ihr aus?
Der Bär, der Löwe, Luchs, und Igel
Sieht bei euch überall heraus.
Vergebt, ich muß die Namen nennen,
Wodurch man eure Sitten zeigt.
Ihr mögt euch selber wohl nicht kennen,
Weil man von euren Fehlern schweigt.

Die, welche sich nur selbst erheben,
Die gerne groß und vornehm sind,
Nach allen Ehrenämtern streben,
Da doch den Kopf nichts füllt als Wind:
Die keine Wissenschaften kennen,
Und dringen sich in Würden ein,
Die kann man wohl mit Namen nennen,
Daß sie der Torheit Kinder sein.

Die Männer müssen doch gestehen,
Daß sie wie wir, auch Menschen sind.
Daß sie auch auf zwei Beinen gehen;
Und daß sich manche Schwachheit findt.
Sie trinken, schlafen, essen, wachen.
Nur dieses ist der Unterscheid,
Sie bleiben Herr in allen Sachen,
Und was wir tun, heißt Schuldigkeit.

Der Mann muß seine Frau ernähren,
Die Kinder, und das Hausgesind.
Er dient der Welt mit weisen Lehren,
So, wie sie vorgeschrieben sind.
Das Weib darf seinen Witz nicht zeigen:
Die Vorsicht hat es ausgedacht,
Es soll in der Gemeine schweigen,
Sonst würdet ihr oft ausgelacht.

Ihr klugen Männer schweigt nur stille:
Endecket unsre Fehler nicht.
Denn es ist selbst nicht unser Wille,
Daß euch die Schwachheit wiederspricht.
Trag eines nur des andern Mängel,
So habt ihr schon genug getan,
Denn Menschen sind fürwahr nicht Engel,
An denen man nichts tadeln kann.

Mascha Kaléko
1907–1975

Ich und Du

Ich und Du wir waren ein Paar
Jeder ein seliger Singular
Liebten einander als Ich und als Du
Jeglicher Morgen ein Rendezvous
Ich und Du wir waren ein Paar
Glaubt man es wohl an die vierzig Jahr
Liebten einander in Wohl und in Wehe
Führten die einzig mögliche Ehe
Waren so selig wie Wolke und Wind
Weil zwei Singulare kein Plural sind.

Else Lasker-Schüler
1869–1945

Ein Liebeslied

Komm zu mir in der Nacht – wir schlafen
        engverschlungen.
Müde bin ich sehr, vom Wachen einsam.
Ein fremder Vogel hat in dunkler Frühe schon
        gesungen,
Als noch mein Traum mit sich und mir gerungen.

Es öffnen Blumen sich vor allen Quellen
Und färben sich mit deiner Augen Immortellen .....

Komm zu mir in der Nacht auf Siebensternenschuhen
Und Liebe eingehüllt spät in mein Zelt.
Es steigen Monde aus verstaubten Himmelstruhen.

Wir wollen wie zwei seltene Tiere liebesruhen
Im hohen Rohre hinter dieser Welt.

Adelbert von Chamisso
1781–1838

Seit ich ihn gesehen

Seit ich ihn gesehen,
Glaub' ich blind zu sein;
Wo ich hin nur blicke,
Seh' ich ihn allein;
Wie im wachen Traume
Schwebt sein Bild mir vor,
Taucht aus tiefstem Dunkel
Heller nur empor.

Sonst ist licht- und farblos
Alles um mich her,
Nach der Schwestern Spiele
Nicht begehr' ich mehr,
Möchte lieber weinen
Still im Kämmerlein;
Seit ich ihn gesehen,
Glaub' ich blind zu sein

Aldona Gustas
* 1932

mir schwant

mir schwant
du wirst nach billiger seife riechen
dein bett wird nicht
frisch bezogen sein
im kühlschrank
erschreckende leere
nur etwas zum Trinken
wird wohl da sein

mir schwant
daß du auf Vorspiele
großen Wert legst
du streichelst lange
und befriedigst mehrmals

mir schwant
wir finden
ein gemeinsames Lächeln
und wenn wir nicht gestorben sind
dann leben wir noch heute
in Berlin-Schöneberg

Ulla Hahn
* 1946

Wie es anfängt

Ich nehme bei jedem Klingeln den Hörer ab
Wenn er sich meldet sag ich Hallo und Gehts gut
Frage ihn ob er gerne Kartoffeln ißt
und wie ers hält mit der Emanzipation

Er geht gern durchs Gebirge sagt er ich sage ich auch
Er empfiehlt mir einen Aufsatz zu lesen ich lese
Ich beschimpfe das Wetter. Er sagt schön Sie zu hören.
Ich putze den Telefonapparat er funkelt durch Tag und
Nacht.

Hans Sahl
1902–1993

Spruch

Du sollst dein Herz nicht an Verlorenes hängen,
Nicht lieben sollst Du, was dich gehen ließ,
Vergiß die Bilder, die dich nachts bedrängen,
Vergiß die Hand, die dich ins Leere stieß,

Und leih' dein Ohr nicht jenen falschen Klängen,
Die eine Welt von gestern zu dir trägt –
Du sollst dein Herz nicht an Verlorenes hängen,
Bewahre dich, bis deine Stunde schlägt.

Betty Paoli
1814–1894

Einem Weltling

Fruchtlos hab' in Schmerzenstoben
Ich vor dir geweint, geras't;
Und die Welt, sie wird dich loben,
Daß du mich verlassen hast.

Rühmend wird sie zu dir sagen:
»Kluger Mann, der, stark und fest,
Durch gebrochner Seelen Klagen
Nimmer sich beirren läßt;«

»Dessen Wille gleich dem Pfeile
Rastlos fliegt zum Ziele fort,
Ob er auch in seiner Eile
Ein befreundet Herz durchbohrt!«
»Kluger Mann, der zum Beleid'gen
Solche Opfer sich erkürt,
Die zu rächen, zu verteid'gen
Sich kein Mensch auf Erden rührt!«

»Kluger Mann, der alte Bande,
Wenn sie lästig werden, bricht!« –
Sag! fühlst du die ew'ge Schande,
Die aus solchem Lobe spricht?

Karin Kiwus
* 1942

Sonny-Boy

Wie du mir entgegenkommst *funny that way*
ein Cordsamtteddy federnd auf lautlosen Sohlen
balzfarbenfroh die Krawatten ungeheuer lila
oder quietschgrün wie ein Gigolo im Frühling
wie du aufhüpfst vor mir grinsend
und mich dann umarmst
die Nasenflügel schnuppernd an meinem Hals

Und natürlich bist du wieder groggy
gestern irgendwo versackt diese Zufälle
eine ganz alte Geschichte von früher
damals im zweiten Semester ich weiß ja
die Welt ist klein und was sollst du machen
wenn sie hier gastiert in der Komödie am Zoo
rothaarig und immer noch ein irres Temperament
wenn sie dir hinreißende Vorstellungen macht
sollst du da lange fragen und nicht
alles mitgehen lassen von der Werbefläche
dieses bunten Abends *especially for you*

Aber schön bin ich heute und ich rieche gut
das willst du jetzt nur mal gesagt haben
galant wie ein Honigkuchenpferd ob es mir paßt
oder nicht da habe ich wohl herausgefunden
aus dem Muspott meiner letzten angeknacksten Tage
da habe ich doch glatt dein blödes Rezept befolgt
und mir die Haare gewaschen mich sorgfältig
gekleidet und eine Stunde lang geschminkt
da mußt du schon zufrieden sein und ich dankbar
denn das Ergebnis gibt dir offensichtlich recht
Und dann stellst du wieder dich selbst
und deine Küche auf den Kopf
kommentierst nicht zum erstenmal langatmig
und liebevoll die Zubereitung deiner berühmten
bei allen Frauen berühmten Spaghetti
die *al dente* werden müssen auf die Sekunde
al dente also was das heißt wörtlich
weißt du auch nicht aber du machst
eine fast typisch italienische

Handbewegung dabei und fletschst die Zähne
wie Umberto aus dem Piccolo Giardino
und auch das Hackfleisch könnte heute
wieder nicht besser sein aber die Zwiebeln
kriegst du nie ganz fein geschnitten
das verstehst du nicht denn dies rostige Messer grade
schafft spielend eigentlich jede Fingerkuppe
und von den Tomaten sind einige verschimmelt
die wirst du aber reklamieren morgen
im Supermarkt wenn man Feinschmecker ist
läßt man sich das nicht gefallen

Aber ich werde nicht ungeduldig wohl ist mir
wenn ich zuschaue und zwischendurch erst mal
ein Hasenbrot essen muß rheinisch schwarz
mit Käse und einem halben Brötchen drauf
wenn ich dasitze ausgestreckt auf dem blauen Stuhl
auf Omma ihrem niedrigen Gartenstuhl
den du selbst gestrichen hast vor zwanzig Jahren

ach Omma mein Gott bald wird sie dir
Himbeergelee mitgeben und einen Sack Augustäpfel

Und dann endlich kommt die Pracht auf den Tisch
und der Wein steht in gepreßten Gläsern
wir knien uns hinein in den dampfenden Berg
und ich freue mich daß du dich freust wenn ich
immer noch weiteressen kann nach einer Pause
wenn wir reden über das Leben in dieser Stadt
über die Jahreszeiten in den Straßen
über gemischte Gefühle jenseits von Politik
und ich frage nach deinen New Yorker Fotos
die immer noch nicht entwickelt sind
und du fragst nach meinen Freunden
die du einfach nicht leiden kannst
und wir hören dann friedlich beisammen
den alten Miles Davis und Harry James
den unverwüstlichen Paul Whiteman
those dear dead days beyond any recall

und wieder ziehst du Mae West aus der Tasche
mit ihrer männermordenden Philosophie
find him fool him and forget him
und wieder ziehe ich mein Gesicht
ich mit meinen Bedenken und du
willst das so genau alles nicht nehmen

Aber wir lösen uns auf allmählich müde
nach einem langen Tag und weich vor Vertrautheit
die Haare kriechen aus deiner Brust
und die Augen kippen um mit der Zeit
wir liegen auf dem braunen Teppich
und der Motor des Plattenspielers summt
in der Stille und später bringe ich dich ins Bett
ich rufe ein Taxi und du läßt mich gehen
du weißt selber ja zu gut
daß ich noch nie
neben dir aufwachen wollte am Morgen
daß ich mir nie

eine Zukunft vorstellen konnte mit dir
weil du zum Glück
zu deinem Glück und zu meinem
immer nur in der Gegenwart lebst

Gabriele von Baumberg
1768–1839

Als Luise die Briefe ihres ungetreuen Liebhabers verbrannte

Erzeugt von heißer Phantasie,
In einer schwärmerischen Stunde
Zur Welt Gebrachte, geht zugrunde,
Ihr Kinder der Melancholie!

Ihr danket Flammen euer Sein,
Ich geb euch nun den Flammen wieder,
Und all die schwärmerischen Lieder,
Denn ach! er sang nicht mir allein!

Ihr brennet nun, und bald, ihr Lieben,
Ist keine Spur von euch mehr hier.
Doch ach! der Mann, der euch geschrieben,
Brennt lange noch vielleicht in mir.

Ann Cotten
* 1982

13 vernünftig, Komparatist

Wir hatten früher mal was miteinander.
Vor Jahren lagen wir in deinem wilden Haar.
Was half dein Lamentiern? Damals gewann der
Wille zur Reform, ein schnödes gelbes Band war

die Haaresbreite zwischen dir und mir;
die unsvertraute Zeit war schluckähnlich vorbei
als du mich batest um ein Zeichen dir
zum Anker mir zum Barfußgehen einerlei.

Am Flotsam und wie Jets, Samen verschüttend,
riet Hörenden fast gierig die Vernunft,
uns diese Zeiten weilend schon verkitten.
Von unsren Mühen wurde Strand zu Sumpf,
unmäßig wir vermaßen Glieder; mitten
in Eichung kam vor Untergang dein Rumpf.

Lag mal dein Haar an meinen Flanken,
als Faden schienen sie an deinem Rand.
Was blieb mir anders als die blanken,
die Enden der Vernunft in meiner Hand

zu ziehn? Das Band im Lösen, deine Wut
verloren, deine dünne kleine Stimme
Mehr schrie Mehr wolltest maßlos und akut
dabei schien kein Vergleichen kein Verrinnen

bis nicht begleiche deiner Stimme Fluss.

In deinem Fluten Steine Stellung wechselten
wohl ungehört von mir aus meiner Luft
und mahlte drängend zungenlieb dein nasser Kuss,
die Symmetrien zu keinem Stummel drechselten,

ich ging davon. Und sage nicht, wir hättens nicht
versucht.

Ursula Krechel
* 1947

Die Kühle

Höchstens ein dreiviertel Jahr gebe ich der Liebe
sagt sie, höchstens, keineswegs länger
sitzt auf der Sofakante mit spitzen Knien
in einem viel zu teuren Appartment in New York
hält das Glas mit Wein, kalifornisch, trocken
in kühlen Fingern: Dreiviertel Jahr
das ist schon viel, alles andere Krampf
sagt sie, aus einer deutschen Kleinstadt
die sie gründlich hinter sich gelassen hat
schaut niemanden an, wenn sie spricht
oder nur von der Seite, Christine
dreißig, wachsblond, Psychologin.
Ein Flattern in den blaugeschminkten Augenlidern:
Welcher Mann heute auf diesem Fest?
Eigentlich keiner. Einer will sie beim Wort nehmen:
In dreiviertel Jahr ist schon Sommer
wir könnten zusammenliegen am Strand
hier oder in Fire Island in der Hitze
Christine, das wär schon was. Sie überhört ihn.

Unter ihrem Ohr, in der Biegung des Halses
klopft eine Ader, blauer als ihre beschatteten Augen.
Jetzt beugt sie sich vor: Morgens
nach einer Nacht, die in den Knochen steckt
morgens, wenn einer sich die Zähne putzt
morgens ein Fremder in meinem Bad
an meinem Waschbecken mit Blick nach draußen
und der weiße Schaum sickert
sickert in seinen Mundwinkeln, dann
ich kann nicht anders, sagt sie, lacht
mit schönen Zähnen, ist sein Geheimnis weg
einfach weg wie meine Liebe
ich wechsle nur noch das Bettuch.

Karin Kiwus
* 1942

Im ersten Licht

Wenn wir uns gedankenlos getrunken haben
   aus einem langen Sommerabend
      in eine kurze heiße Nacht
wenn die Vögel dann früh
   davonjagen aus gedämpften Färbungen
in den hellen tönenden frischgespannten Himmel

wenn ich dann über mir in den Lüften
weit und feierlich mich dehne
in den mächtigen Armen meiner Toccata
wenn du dann neben mir im Bett
deinen ausladenden Klangkörper bewegst
dich dumpf aufrichtest und zur Tür gehst

und wenn ich dann im ersten Licht
    deinen fetten Arsch sehe
        deinen Arsch
                                verstehst du
    deinen trüben verstimmten ausgeleierten Arsch
dann weiß ich wieder
    daß ich dich nicht liebe
                                                wirklich
    daß ich dich einfach nicht liebe

Kurt Tucholsky
1890–1935

Sie, zu ihm

Ich hab dir alles hingegeben:
mich, meine Seele, Zeit und Geld.
Du bist ein Mann – du bist mein Leben,
du meine kleine Unterwelt.
Doch habe ich mein Glück gefunden,
seh ich dir manchmal ins Gesicht:
Ich kenn dich in so vielen Stunden –
nein, zärtlich bist du nicht.

Du küsst recht gut. Auf manche Weise
zeigst du mir, was das ist: Genuss.
Du hörst gern Klatsch. Du sagst mir leise,
wann ich die Lippen nachziehn muss.
Du bleibst sogar vor andern Frauen
in gut gespieltem Gleichgewicht;
man kann dir manchmal sogar trauen …
aber zärtlich bist du nicht.

O wärst du zärtlich!
Meinetwegen
kannst du sogar gefühlvoll sein.
Mensch, wie ein warmer Frühlingsregen
so hüllte Zärtlichkeit mich ein!
Wärst du der Weiche von uns beiden,
wärst du der Dumme. Bube sticht.
Denn wer mehr liebt, der muss mehr leiden.
Nein, zärtlich bist du nicht.

Kathinka Zitz
1801–1877

Was geht es dich an

Wenn dir mein Auge mit trunknem Entzücken
Folget, so weit es dich sehen nur kann.
Wenn deine Worte mich innig beglücken,
Wo ich sie höre – was geht es dich an?

Bist du der Stern mir, der Strahlen versendet
Auf meines Lebens umdüsterte Bahn,
Bist du die Sonne mir, die mich verblendet,
Wenn ich dir gut bin, was geht es dich an?

Bist du die Gottheit, die still ich verehre,
Zu der ich hohes Vertrauen gewann
Und ihr im Herzen errichtet Altäre –
Wenn ich dich liebe, was geht es dich an?

Wenn ich nichts fordre, so musst du es dulden,
Was ich an Opferrauch für dich ersann;
Was ich auch leide, ist nicht dein Verschulden,
Und wenn ich sterbe, so geht's dich nichts an.

Gertrud Kolmar
1894–1943

Die Verlassene

An K. J.

Du irrst dich. Glaubst du, daß du fern bist
Und daß ich dürste und dich nicht mehr finden kann?
Ich fasse dich mit meinen Augen an,
Mit diesen Augen, deren jedes finster und ein Stern ist.

Ich zieh dich unter dieses Lid
Und schließ es zu und du bist ganz darinnen.
Wie willst du gehn aus meinen Sinnen,
Dem Jägergarn, dem nie ein Wild entflieht?

Du läßt mich nicht aus deiner Hand mehr fallen
Wie einen welken Strauß,
Der auf die Straße niederweht, vorm Haus
Zertreten und bestäubt von allen.

Ich hab dich liebgehabt. So lieb.
Ich habe so geweint … mit heißen Bitten …
Und liebe dich noch mehr, weil ich um dich gelitten,
Als deine Feder keinen Brief, mir keinen Brief mehr
schrieb.
Ich nannte Freund und Herr und Leuchtturmwächter
Auf schmalem Inselstrich,
Den Gärtner meines Früchtegartens dich,
Und waren tausend weiser, keiner war gerechter.

Ursula Krechel
* 1947

Warnung

Komm aus der Höhe herab
steig mal von deinem Roß

sieh einfach zu und staune

wie ich den Kopf hebe
die Schultern, die Arme
davonfliege in klarer Luft
ohne mich umzusehen nach dir.

Ulrike Almut Sandig
* 1979

dieses Foto von uns

siehst du mich noch? du erkennst mich
nicht wieder. wir sind schon fast nicht mehr da.
warst du das, der eben durch mich hindurch sah?
streng dich ein letztes Mal an und schau genau hin:
wir waren
niemals so blass.
meine Hand liegt auf deinem schon einsamen Rücken
dieses Foto von uns, es entwickelt sich rückwärts:
wir verlieren an Schärfe, wir lösen uns auf
wir treiben auf weißem Papier.

Lydia Daher
* 1980

Insgesamt so, diese Welt

Samstag, schon wieder.
Alles sieht irgendwie aus
und draußen werden die Gärten gemacht.
Wie schön, sagen wir, die Blüten,
das Gras, die frischen Triebe
in bröckelnden Wänden.

Ich möchte dich ansehn,
gespiegelt im Glas,
und an den traurigsten Tag
meines Lebens denken.
Denk du bitte gar nichts dabei.

Es ist vorbei
und eine Kanne Kaffee,
unsre Ellenbogen auf Stuhllehnen
oder die Sachlichkeit dieses Tischs
nach dem Frühstück.
Was bedeutet dir all das?

Noch ahnst du nichts von
meiner Angst, die da ist
und noch aufzuklären wäre
wie ein Parkmord.

Du denkst, es ist Samstag,
das Frühstück war gut
und draußen werden
die Gärten gemacht.

III

Endlich emanzipiert

Ulla Hahn
* 1946

Endlich emanzipiert

Als du fortgingst
war ich froh
endlich allein zu sein.

Ich trank mein Bier
nur noch in Kneipen
mit Frauen die
froh waren
endlich allein zu sein.

Manchmal wenn einer wie du sich
zu uns an den Tisch setzt
legt ihm eine von uns
ihr Haar um den Kopf
wirft ihm eine von uns
ihr Herz an die Brust
zieht für ihn sich eine
die Haut vom Leib.

Jedesmal nimmt er lächelnd
alles zahlt jeder ein Bier
und geht fort.

Gerald Zschorsch
* 1951

Die Schöpfung

Gib die Pose auf,
du bist nicht an der Bühne.
Gib die Leier auf,
du gehst auf keinen Strich.

Sei ganz einfach Frau,
sei Schuld und Sühne.
Nimm den Apfel stolz
und sage: Ich.

Marie Luise Kaschnitz
1901–1974

Frauenfunk

Eines Tages sprech ich im Rundfunk
Gegen Morgen wenn niemand mehr zuhört
Meine gewissen Rezepte

Gießt Milch ins Telefon
Laßt Katzen hecken
In der Geschirrspülmaschine
Zerstampft die Uhren im Waschtrog
Tretet aus euren Schuhen

Würzt den Pfirsich mit Paprika
Und das Beinfleisch mit Honig

Lehrt eure Kinder das Füchsinneneinmaleins
Dreht die Blätter im Garten auf ihre Silberseite
Beredet euch mit dem Kauz

Wenn es Sommer wird zieht euren Pelz an
Trefft die aus den Bergen kommen
Die Dudelsackpfeifer
Tretet aus euren Schuhen

Seid nicht so sicher
Daß es Abend wird
Nicht so sicher
Daß Gott euch liebt.

Erich Kästner
1899–1974

Die unverstandene Frau

Er band, vorm Spiegel stehend, die Krawatte.
Da sagte sie (und blickte an die Wand):
»Soll ich den Traum erzählen, den ich hatte?
Ich hielt im Traum ein Messer in der Hand.

Ich hob es hoch, mich in den Arm zu stechen,
und schnitt hinein, als sei der Arm aus Brot.
Du warst dabei. Wir wagten nicht zu sprechen.
Und meine Hände wurden langsam rot.

Das Blut floß lautlos in die Teppichranken.
Ich hatte Angst und hoffte auf ein Wort.
Ich sah dich an. Du standest in Gedanken.
Dann sagtest du: ›Das Messer ist ja fort …‹

Du bücktest dich. Doch war es nicht zu finden.
Ich rief: ›So hilf mir endlich!‹ Aber du,
du meintest nur: ›Man müßte dich verbinden‹,
und schautest mir wie einem Schauspiel zu.

Mir war so kalt, als sollte ich erfrieren.
Du standest da, mit traurigem Gesicht,
und wolltest rasch dem Arzt telefonieren
und Rettung holen. Doch du tatst es nicht.

Dann nahmst du Hut und Mantel, um zu gehen,
und sprachst: ›Jetzt muß ich aber ins Büro!‹
und gingst hinaus. Und ich blieb blutend stehen.
Ich starb im Traum. Und war darüber froh …«

Er band, vorm Spiegel stehend, die Krawatte.
Und sah im Spiegel, daß sie nicht mehr sprach.
Und als er sich den Schlips gebunden hatte,
griff er zum Kamm. Und zog den Scheitel nach.

Karin Kiwus
* 1942

Hommes à femme

Wenn eine kleine unscheinbare Frau
lange kluge und ein wenig
lispelnde Reden hält
über Don Juan und Casanova
dann stehen so Männer auf
und zischen Herrgottnochmal
was soll das überhaupt
die ist doch viel zu fipsig dafür

Renate Rasp
* 1935

Vergiss

das Märchen von dem
starken Mann,
der kommt
und dich auf
Händen trägt –
denn es ist einer da,
der dich versteht
und dir die Tränen trocknet
und in dir den Wandrer sieht,
der ewig sucht,
sich nie zufriedengibt.
Er drückt dir warm die Hand
und geht des Wegs
und war doch alles,
was du auf der Welt begehrst.

Christine Lavant
1915–1973

Sind das wohl Menschen?

Sind das wohl Menschen? – Wie man das vergißt!
Sie werfen Schatten vor dem Sonnenbaum,
sehr grobe Schatten und – sie haben Stimmen.
Wie sonderbar: – ich glaub, sie hießen »Männer«.
Männer? – Ein Mann? – und kam der Aufschrei »Liebe«
nicht gleich danach und Schmerz, nicht wahr, mein
Traumbuch,
Schmerz sagtest du sehr lange, fort und glitzernd,
Bänder von Schmerz wie Schienen zu den Menschen.
Dann kamen Tiere, große dunkle Tiere,
in die man einstieg, weil ihr Kopf so heulte,
und innen sagte jemand dann: »Wir fahren!«
Die, die sich Mädchen nannten, saßen flüsternd
nah beieinander, und es klang wie Laubfall,
wenn sie erzählten, daß ihr Liebster warte.
»Liebster« – was ist das –, geht das rasch vorüber,
läßt es sich fassen, ohne Schmerz zu machen,
und bleibt an einem hinterher dann etwas
wie Blütenstaub und ein Geruch verhaftet

oder vergeht daran nur das Gefühl für gestern?
Ein Traumkraut also? – Sicherlich – ein Traumkraut!
Man hätte niemals davon kosten dürfen,
ehe man heimging in die liebe Erde,
heim zu den Zwiebelchen.

Hugo Dittberner
* 1944

Ode an vorbeifahrende Frauen

Frauen, die in ihren Autos vorbeifahren,
allein neben ihren Handtaschen, auf Land-
straßen, mittags und abends, auf Hin- und
Rückwegen, zu Kindern, von Freundinnen, durch
stille, vollgeparkte Vorstadtstraßen; allein
im dunkel blitzenden Chrom, umgeben von leeren
Polstern; vom Sonnenlicht getroffen und hin-
getupft vor grünende Chausseebäume, allein im
aufgeknöpften Trenchcoat, das Haar im Wind, der herein-
greift ins Auto, eine herrische Hand; O Frauen,
O Wogen aus reinem Blau, empfangen am Straßen-
rand, O Niederknien vor einer hastigen
Liebschaft, aufleuchtendes Gesicht, verhaltener
Schritt, Aufprall süßer Verlorenheit, Nachschmecken
von Kaffee und Zigaretten: O wunder Rachen über
wundem Herzen, Nase, die keine Heimat hat im Gesicht
eines andern.

Ulla Hahn
* 1946

Zu gebrauchen

Mehr braucht ich nicht: ein bißchen
Haut und Knochen siebzig bis
achtzig Kilo Menschenfleisch Haar –
Farbe ungenau – genug für einen Kopf Füß'
Zehennägel Zähne Zunge Zaum mehr
als sechs Tage Zeit. Ach wie ich formte
nach meinem Bilde und siehe es wäre
gut und als Mann zu gebrauchen.

Renate Rasp
* 1935

Die Waffe der Frau

Den zu finden
der mit Tausendmarkscheinen
um sich schmeißt,
und nicht hingehen
und sagen:
Bist du verrückt,
mein Freund?,
sondern sie still-
schweigend
aufheben,
und wenn er fragt:
Was ist in der Tasche
drin? sagen:
Puderdose und Lippenstift.

Dagmar Nick
* 1926

An eine diffamierte Dame

Freundin, mein schuppiges Luder,
wer wollte sich nicht an dir messen,
Erkenntnisträchtige,
bäuchlings einen Biß mit dir tauschen
und Giftbäume plündern,
um zu wissen, wo Gott wohnt!

Du hast die Erde bevölkert, Schöne,
und man hat dich verflucht,
eingefangen als Corpus delicti,
Erfindung der Erbsünder. Lache,
mein schuppiges Luder,
und räche dich an den Lechzenden,
fahre den Heuchlern ans Bein,
schlage ihnen ein Schnippchen, den Kerlen
aus Adams Geschlecht.

Ursula Krechel
* 1947

Hymne auf die Frauen der bürgerlichen Klasse

Oh, diese gebändigte Schönheit der Frauen
der bürgerlichen Klasse. Der unnachahmliche
Fall ihrer Kleider. Ihre gezügelte Art
einen Fuß vor den anderen zu setzen und nie
einen Schritt zurück.

Oh, diese schwingenden Lockenwellen
um ihre Schläfen und Ohren, diese fast
zufällig wirkende Ordnung in ihren Häusern
diese ausgewogenen Sätze, die sie sagen
wenn man sie fragt.

Oh, ihr wissendes Lächeln über die Dummheiten
der Kinder, ihr höflicher, aber bestimmter
Ton für die Putzfrau, ihre kleine Freude
ein Seidentuch billig zu kaufen, das auch
teuer bezahlt zählt.

Oh, ihr leuchtendes Nagelrot, die stillen Monde
der Fingernägel, auf denen nichts brennt
ihr dezentes Lippenrot, ihr beständiges
Fußnagelrot, das schon früh am Morgen
   für den Abend leuchtet.

Oh, ihre schmackhaften, bekömmlichen Mahlzeiten
serviert auf geschmackvollen Tellern
ihre Tischdecken, Kronleuchter, Kerzenständer
das Silber, die geschliffenen Gläser, rustikales
   Salatbesteck nicht zu vergessen.

Oh, dieser brennende Wunsch, dazuzugehören
die sanft gebogene Nase immer in die richtige
Sache zu stecken, die feinen Taschentücher
die Düfte, sorgsam ausgewählt zur jeweiligen
   Lage und Laune.

Oh, ihre Apfelsinenbäumchen und Azaleen
ihre Baumwollhemdchen, Seidenblusen
Kaschmirpullis, Skianzüge, Lederjäckchen
ihre Finkenpaare und Angorakater und
das Pudelgrab im Garten.

Oh, und ihre verschwiegene Lust zwischen den Beinen
ihr schönes Keuchen, Hecheln, Schwitzen, die ganze
sorgfältig gepflegte Hingabe und alle Versuche
sich noch einmal vorteilhaft zu verändern
beim Friseur.

Oh, ihre Anwandlungen von Schwermut, Heiterkeit
ihre einsamen Gedanken, wenn der Mann
noch in Geschäften unterwegs ist oder wo immer
ihr Aufschrecken beim kleinsten Geräusch
in der Stille der Nacht.

Oh, ihre liebenswürdigen kleinen Abende
bei Kerzenschein, ihr untrügliches Gefühl
wer zu ihnen paßt und wer nicht, die Fähigkeit
sich anzupassen, zuzuhören, mitzureden
über alles, wovon man spricht.

Oh, ihre langsam versiegende Kraft, die Panik
vor dem leeren Haus, den erwachsenen Kindern
ihre berechtigten Zweifel an der Treue aller
ihr Kränkeln im verdunkelten Schlafzimmer
am hellen Tage.

Oh, und immer wieder die Selbstverständlichkeit
mit der sie noch einmal aufstehen, zwischen allen
Stühlen sitzen, die Zähne zusammenbeißen, Hände
schütteln als sei alles wie immer
früher und jetzt.

Hans Magnus Enzensberger
* 1929

Die Dreiunddreißigjährige

Sie hat sich das alles ganz anders vorgestellt.
Immer diese verrosteten Volkswagen.
Einmal hätte sie fast einen Bäcker geheiratet.
Erst hat sie Hesse gelesen, dann Handke.
Jetzt löst sie öfter Silbenrätsel im Bett.
Von Männern läßt sie sich nichts gefallen.
Jahrelang war sie Trotzkistin, aber auf ihre Art.
Sie hat nie eine Brotmarke in der Hand gehabt.
Wenn sie an Kambodscha denkt, wird ihr ganz schlecht.
Ihr letzter Freund, der Professor, wollte immer verhaut
werden.
Grünliche Batik-Kleider, die ihr zu weit sind.
Blattläuse auf der Zimmerlinde.
Eigentlich wollte sie malen, oder auswandern.
Ihre Dissertation, *Klassenkämpfe in Ulm, 1500*
bis 1512, und ihre Spuren im Volkslied:
Stipendien, Anfänge und ein Koffer voller Notizen.
Manchmal schickt ihr die Großmutter Geld.
Zaghafte Tänze im Badezimmer, kleine Grimassen,

stundenlang Gurkenmilch vor dem Spiegel.
Sie sagt: Ich werde schon nicht verhungern.
Wenn sie weint, sieht sie aus wie neunzehn.

Elisabeth Alexander
1922–2009

Mittvierzig

Das Gefühl in mir
ist nicht mit mir
älter geworden
diese Sehnsucht nicht
die stillen Wünsche
nicht
und die Empfindungen
stoßen an meine
Fühlwände
und gebärden sich wie
neugeboren
und ich staune darüber
daß mein Leib
die Lebensschwere
zu Schelmen meiner
schönen Wehmut macht.

Dagmar Scherf
* 1942

Gedanken einer Vierzigjährigen in der S-Bahn

Wir die versunken sind
ineinander –

den alten Mann dort am Fenster
sehen sie gar nicht.
Und mich?
Ein kurzer, fragender Blick,
dann legt er
(achtzehn vielleicht, höchstens zwanzig)
den Arm noch fester um sie
(siebzehn? Älter kaum) –

Warum tut das so weh?
Wende den Blick nicht ab,
in zehn Minuten bist du zu Hause.
Er wird dich umarmen wie immer.
Wie immer?
Wie ist das mit fünfzig?
sechzig?
siebzig?

Mascha Kaléko
1907–1975

»Die Leistung der Frau in der Kultur«
Auf eine Rundfrage

Zu deutsch: »Die klägliche Leistung der Frau«.
Meine Herren, wir sind im Bilde.
Nun, Wagner hatte seine Cosima
Und Heine seine Mathilde.
Die Herren vom Fach haben allemal
Einen vorwiegend weiblichen Schatz.
Was uns Frauen fehlt, ist »Des Künstlers Frau«
Oder gleichwertiger Ersatz.

Mag sie auch keine Venus sein
Mit lieblichem Rosenmund,
So tippt sie die Manuskripte doch fein
Und kocht im Hintergrund.
Und gleicht sie auch nicht Rautendelein
Im wallenden Lockenhaar,
So macht sie doch täglich die Zimmer rein
Und kassiert das Honorar.

Wenn William Shakespeare fleißig schrieb
An seinen Königsdramen,
Ward er fast niemals heimgesucht
Vom »Bund Belesner Damen«.
Wenn Siegfried seine Lanze zog,
Don Carlos seinen Degen,
Erging nur selten an ihn der Ruf,
Den Säugling trockenzulegen.

Petrarcas Seele, weltentrückt,
Ging ans Sonette-Stutzen
Ganz unbeschwert von Pflichten, wie
Etwa Gemüseputzen.
Doch schlug es Mittag, kam auch er,
Um seinen Kohl zu essen,
Beziehungsweise das Äquivalent
In römischen Delikatessen.

Gern schriebe ich weiter
In dieser Manier,
Doch muß ich, wie stets,
Unterbrechen.
Mich ruft mein Gemahl.
Er wünscht, mit mir
Sein nächstes Konzert
Zu besprechen.

IV

blind date

Doris Runge
* 1943

blind date

es muss ja nicht
gleich sein
nicht hier sein
zwischen tür und
engel abflug
und ankunft
in zugigen höfen
es könnte
im sommer sein
wenn man
den schatten liebt
es wird keine
liebe sein
jedenfalls keine
fürs leben

Tina Gintrowski
* 1978

Daraus ein Schneckenhaus

nimm meine liebe und bau uns DARAUS EIN SCHNECKENHAUS für mehr reichts erstmal nicht aber vielleicht bauen wir ja später aus oder was an und dann kommen wir besser mal so richtig und groß raus ich trage meine kleine derweil richtung sonnenmittelstand und singe ihr was vor von einem land in dem fast jeder alles kann und darf und wann es soweit ist wissen wir nicht genau aber dem herrn sei dank ist gott ja eine frau

Ludwig Christoph Heinrich Hölty
1748–1776

Frauenlob

Lobt ich tausend Jahr,
Reine Weiberschar,
Eurer Schönheit Blüte,
Eures Herzens Güte,
Wäre doch mein Sang
Nur ein schwacher Klang.

Jedem ist bekannt,
Was die Schöpferhand
Gottes euch gegeben.
Wahrlich, unser Leben
Wäre, sonder euch,
Keiner Freuden reich.

Keine Sorge wacht,
Wann ein Weibchen lacht,
Wie ein Engel, grüßet,
Auf den Mund uns küsset,
Alles Unmuts frei,
Sehn wir lauter Mai.

Gehren keines Glücks,
Als des Minneblicks,
Als des keuschen Leibes
Unsers lieben Weibes,
Leben, sonder Harm,
In der Guten Arm.

Mascha Kaléko
1907–1975

Großstadtliebe

Man lernt sich irgendwo ganz flüchtig kennen
Und gibt sich irgendwann ein Rendezvous.
Ein Irgendwas, – 's ist nicht genau zu nennen –
Verführt dazu, sich gar nicht mehr zu trennen.
Beim zweiten Hinbeereis sagt man sich ›du‹.

Man hat sich lieb und ahnt im Grau der Tage
Das Leuchten froher Abendstunden schon.
Man teilt die Alltagssorgen und die Plage,
Man teilt die Freuden der Gehaltszulage,
… Das übrige besorgt das Telephon.

Man trifft sich im Gewühl der Großstadtstraßen.
Zu Hause geht es nicht. Man wohnt möbliert.
– Durch das Gewirr von Lärm und Autorasen,
– Vorbei am Klatsch der Tanten und der Basen
Geht man zu zweien still und unberührt.

Man küßt sich dann und wann auf stillen Bänken,
– Beziehungsweise auf dem Paddelboot.
Erotik muß auf Sonntag sich beschränken.
... Wer denkt daran, an später noch zu denken?
Man spricht konkret und wird nur selten rot.

Lisa Elsässer
* 1951

der mann im zimmer

er stand da ich stand auch da
sagte nichts er sagte nichts
schaute nur ich schaute nur
so standen wir da und sagten
nichts und schauten nur
ich dachte was machen wir

jetzt mit diesem nur stehen
und nur schweigen und nur
schauen alles nur nur nur alles
eine weile verweilen in einem
wort nur so hob ich die hand er
hob die hand die zeit die lupe
hob unsere hände seine und
meine hand zeitlupenhände

zeit und lupe und hände so
standen wir vertrieben jeder
aus einer welt da jeder
war lupe die hände zeit
seinemeine hand fenster das
glas nach aussen nach innen
drin blind also wie eine lupe
sich zeigen kann wenn ihre

vergrösserung gefriert

Ursula Krechel
* 1947

Hoden und Haben

Wer zwei Hoden hat
mag sich loben.
Wer keine hat
mag sich auch loben.
Wer zwei Hoden hat
und wer keine hat
die mögen sich
freundlich zueinander neigen
und sich was Schönes zeigen.

Nathalie Schmid
* 1974

ich kann dich schon warnen

krebse magst du nicht aber
ihr rückzug ist besser als
jeder angriff ihre front härter

ich kann dich schon warnen
ich hab haare an der falschen
stelle und lust musst du haben

liegst du im fieber verqualmt
rote abendsonne bin ich
eine schlechte mutter

ich weiche deine narben
nicht auf und deine flügel
wachsen nicht an mir

pass auf wenn du fortgehst
graben sich im sand dunkle löcher
unter unserem zelt liegen schalen

ich kann dich schon warnen
springböcke sind schneller vom fleck
als sie das ziel wiederfinden

also zieh die leine lang
halte dich geschultert
spähe in die steppe

Lydia Daher
* 1980

Du dachtest

Es wäre das Feuer, das knistert.
Aber in Wahrheit gingen, tief drin

in den fauligen Stämmen,
fickende Käfer in Flammen auf.

Du glaubtest mir nicht,
sprachst von Niederschlägen,

von einem Überdruck,
der sich entspannte.

Und das war auch
ganz schön, sich vorzustellen.

Barbara Maria Kloos
* 1958

Jungfernflug

Noch einmal packt sie diese Gier
Nach einem kalten Kavalier

Nach einem krummen Einzelgänger
Pferdefuß und Rattenfänger
Nach einem naßrasierten Schädel
Asketenleib mit kurzem Säbel
Nach einem scheuen Musterknaben
Neunmalklug in sich vergraben
Nach einem süßen Melodram
Einem Jüngling, der nicht zahm
Das Salz von ihren Füßen lutscht
Der nicht dienert, der nicht flutscht
Der nicht schwänzelnd sie umkreist
Sie nicht einseift, sondern beißt
Der nach tausend tiefen Blicken
Sich empfiehlt mit einem Nicken

Ach, sie ist ganz krank vor Gier
Nach einem kalten Kavalier

Ulla Hahn
* 1946

So daß

es sich lohnt die schönen Reste
nochmal zusammenzukratzen
so daß
ein Du von jüngeren Frauen verjüngt
so daß
alte Männer Mädelchen sagen dürfen
so daß
junge Männer die Söhne sein
könnten die Geliebten sein
so daß
die Augen weitsichtig werden

So zwischen
nicht mehr und noch nicht
so zwischen
das wars dann und das kann noch werden
so zwischen
gib her und nimm hin

zwischen
ich war schon ich bin
so ein Alter ist das.

Albert Ostermaier
* 1967

blind date

sie dachten sich immer neue
spiele aus sassen stundenlang
in der küche und sprachen kein
wort miteinander berührten
sich nur wenn sie gleichzeitig
in der spüle ihre zigaretten
ausdrückten oder sie das
fenster aufriss das er sofort
wieder schloss bevor sie in
ihre zimmer gingen und
sich namen erfanden ohne
sie einander zu verraten sich
verabredeten mit dem fremden
nebenan während die borsten
ihrer zahnbürsten noch immer
seltsam verschlungen in
einem glas standen in der
waschtrommel seine hose
sich an ihrer bluse rieb und

sie seinen pulli trug wie auf
dem photo das er nach dem
lesen zwischen die seiten
legte manchmal verfehlten
sie sich trafen die falschen
sie auf der herrentoilette
einer autobahntankstelle er
in einer umkleidekabine im
kaufhaus oder als penner in
der schalterhalle während
sie sich im speisewagen von
einem banker als schlampe
beschimpfen liess und ihren
rosa kaugummi auf seinen
siegelring drückte bevor
sie am nächsten bahnhof
ausstieg ein taxi nahm sich
auf dem rücksitz umzog
und ihre klamotten zuhause

in die biotonne warf in der
schon seine kontaktlinsen
neben den bananenschalen
lagen figur entsorgt kein wort
mehr darüber er machte eine
flasche wein auf sie tranken
aus einem glas beide von der
stelle wo es einen sprung
hatte keine fragen ein bisschen
streit ums fernsehprogramm
während sie ans nächste
wochenende dachten

Daniela Seel
* 1974

ich habe mir ihren körper

ich habe mir ihren körper dann einfach
umgebunden wie eine schürze.

distanz gewinnen, eine bewegung,
die nur in der zeit existiert, nicht im raum.

wie sinne verhalten steuern. ihrer stimme
habe ich immer vertraut, nicht den augen.

ich kann nicht aufhören, das zu wiederholen.
einträge von ausrichtung. diese bewegung,

die meinen körper konstituiert. ihre stille,
dressierte präsenz. ich will diese schürze

nie wieder ausziehen.

Eva Zeller
* 1923

Räuber und Prinzessin

Immer war ich nur
einer der Räuber
die durch die Wälder
hetzen mußten
Ich hatte Seitenstechen
Das kommt vom Wachsen
sagte meine Mutter

Nur einmal war ich
die Prinzessin
Zwar in derselben
räuberischen Kluft
mit Schlips und Knoten
beschlagenen Schuhen
zum Hackenzusammenknallen

Aber der Wald verstand
Ich brauchte nicht einmal atmen
in meiner Schonung
Er tat es ergebenst für mich
Eine Spinne bewunderte mich
aus sechs Augen
Auf dem blühenden Polster
durfte man nicht austreten
Meine Beine schliefen mir ein

Da habe ich der Spinne
ihre Beine ausgerissen
um nicht länger
Prinzessin zu sein

Michael Groißmeier
* 1935

Der Kirschbaum voller Tropfen

Der Kirschbaum voller Tropfen hängt,
die einen rot, die andern weiß,
und jeder sich zum andern drängt
wie auf ein heimliches Geheiß.

Ein jeder will im andern sein,
verrinnen sanft das Weiß in Rot,
das Rot will wild ins Weiß hinein
wie auf ein heimliches Gebot.

Doch keiner sprengt den eignen Kreis,
ein jeder hängt allein für sich,
und bläst der Wind ins Rot, ins Weiß,
ein jeder Tropfen fällt so leis
und so allein wie du und ich.

Sascha Garzetti
* 1986

noch einmal

noch einmal
beieinander sitzen
wir zwei nur
wie die Vögel

auf das Dach steigen
Schulter an Schulter den Dachfirst bewachen
uns von uns
erzählen

die Stadt atmen lassen
und über uns die Wolken
sich jemandem anschließen vielleicht
mal sehen
wer vorbeikommt

Anhang

Zu dieser Ausgabe

»Endlich emanzipiert« heißt ein schönes, durchaus bittersüß gemeintes Gedicht von Ulla Hahn, das zugleich eines ihrer bekanntesten ist. Und in der Tat, so scheint es, ist dies ein wichtiger Aspekt der Poesie von Frauen für Frauen: sich freizumachen von männlichen Deutungsansprüchen, zu zeigen, dass man auch ohne Männer zurecht- und durchs Leben kommt, eine eigene Sprache zu finden für die eigenen Befindlichkeiten. »Schlage ihnen ein Schnippchen, den Kerlen / aus Adams Geschlecht«, rät Dagmar Nick, und nicht wenige Dichterinnen beschleicht die traurig-trotzige Ahnung, dass die meisten Männer die Liebe und Zuneigung der Frauen eigentlich gar nicht verdient haben.

Die Frauen in den hier versammelten Gedichten sind vieles: aufsässig und selbstbewusst den Männern verfallen, verletzlich und zartbesaitet, hartgesotten und ohne jegliche Illusionen, voller sentimentaler Anwandlungen und zugleich darauf bedacht, dem, was einmal war, nicht zu sehr nachzutrauern. Nur eines sind sie mit Sicherheit nicht: das »schwache« Geschlecht. Schwach werden sie allenfalls gelegentlich mal bei einem »Sonny-Boy« oder in der »Gier / nach einem kalten Kavalier« oder bei Tausendmarkscheinen, mit denen irgendein Angeber um sich wirft.

Diese Anthologie erhebt in keinster Weise den Anspruch, so etwas wie einen literaturgeschichtlichen Abriss des Frauenbilds in der deutschsprachigen Dichtung zu liefern, sie will aber auch keinen weiteren Beitrag zum Thema »weibliches Schreiben« leisten. Vielmehr sollen Selbst- und Fremdbild der Frauen, weibliche Klischees und vermeintliche Wahrheiten witzig-ironisch, bisweilen provokant-pointiert, aber auch mit einer gehörigen Portion Nachdenklichkeit auf den poetischen Prüfstand gestellt werden. Mit gutem Grund versammelt der Band deshalb keineswegs nur Gedichte von Frauen, sondern lässt mitunter auch das andere Geschlecht zu Wort kommen, gern auch in Gestalt des lyrischen Frauenlobs oder als »Ode an vorbeifahrende Frauen«. Dass parallel dazu eine Sammlung mit Gedichten für Männer erscheint (in der auch Autorinnen vertreten sind), ist entsprechend nicht als Aufruf zum Geschlechterkampf zu verstehen, sondern im Gegenteil als Einladung, sich auf Versesfüßen dem jeweils anderen Geschlecht zu nähern – auch wenn, wie Mascha Kaléko es einleuchtend formuliert hat, »zwei Singulare kein Plural sind«.

Michael Frey und Andreas Wirthensohn

Quellennachweis

Elisabeth Alexander (1922–2009)
Mittvierzig 98
In: Viele von uns denken noch sie kämen durch wenn sie ganz ruhig bleiben. Deutschsprachige Gegenwartslyrik von Frauen. Hrsg. von Ingeborg und Rodja Weigand. Schwiftinger Galerie-Verlag für Bildkunst und Literatur, Schwifting 1978.
© Erben Elisabeth Alexander

Gabriele von Baumberg (1768–1839)
Als Luise die Briefe ihres ungetreuen Liebhabers verbrannte .. 59
In: Liebe. Liebesgedichte deutscher, österreichischer und Schweizer Autoren vom 16. Jahrhundert bis zur Gegenwart. Hrsg. von Nina Kindler. München 1980

Erika Burkart (1922–2010)
Liebesgedicht 39
In: Die weichenden Ufer. Artemis Verlag, Zürich 1967.
© Ernst Halter, Aristau

Adelbert von Chamisso (1781–1838)
Seit ich ihn gesehen 46
In: Sämtliche Werke in vier Bänden. Leipzig ohne Jahr

Sascha Garzetti (* 1986)
noch einmal 127
In: Vom Heranwachsen der Sterne.
© 2010 Wolfbach Verlag, Zürich

Tina Gintrowski (* 1978)
Allertagemorgen 10
Daraus ein Schneckenhaus.................................... 106
In: Peng. Lyrikstories und andere Gedichte.
© 2011 poetenladen, Leipzig

Michael Groißmeier (* 1935)
Der Kirschbaum voller Tropfen 126
In: Gedichte 1963–1993. Ehrenwirth Verlag, München 1995.
© Michael Groißmeier

Aldona Gustas (* 1932)
mir schwant 47
In: Frankierter Morgenhimmel.
© 1975 Verlag Eremiten-Presse, Düsseldorf

Ulla Hahn (* 1946)
Wie es anfängt 49
So daß 118
In: Unerhörte Nähe. Gedichte. © 1988 Deutsche Verlags-Anstalt, München, in der Verlagsgruppe Random House GmbH
Endlich emanzipiert 77
In: Herz über Kopf. Gedichte. © 1981 Deutsche Verlags-Anstalt, München, in der Verlagsgruppe Random House GmbH
Zu gebrauchen 89
In: Spielende. Gedichte. © 1983 Deutsche Verlags-Anstalt, München, in der Verlagsgruppe Random House GmbH

Ludwig Christoph Heinrich Hölty (1748–1776)
Frauenlob 107
In: Gedichte. Neu besorgt und vermehrt von Johann Heinrich Voss. Hamburg 1804

Erich Kästner (1899–1974)
Die unverstandene Frau 82
In: Ein Mann gibt Auskunft. © 1930 Atrium Verlag, Zürich, und Thomas Kästner

Mascha Kaléko (1907–1975)
»Alte Flamme« bei Lichte besehen 18
Damen unter sich 28
In: Verse für Zeitgenossen. Rowohlt Verlag, Hamburg 1958. © 1975 Gisela Zoch-Westphal
Großstadtliebe 109
In: Das lyrische Stenogrammheft. Kleines Lesebuch für Große. © 1978 Rowohlt Taschenbuch Verlag GmbH, Reinbek bei Hamburg
Ich und Du 44
»Die Leistung der Frau in der Kultur« 100
In: Die paar leuchtenden Jahre. © 2003 Deutscher Taschenbuch Verlag, München

Marie Luise Kaschnitz (1901–1974)
Frauenfunk 80
In: Gesammelte Werke in sieben Bänden. Band 5: Die Gedichte. © 1985 Insel Verlag, Frankfurt am Main. Alle Rechte bei und vorbehalten durch Insel Verlag Berlin

Karin Kiwus (* 1942)
Make-off 12
Sonny-Boy 53
Im ersten Licht 64
Hommes à femme 84
In: Von beiden Seiten der Gegenwart. Gedichte.
© 1976 Suhrkamp Verlag, Frankfurt am Main. Alle Rechte bei und vorbehalten durch Suhrkamp Verlag Berlin

Barbara Maria Kloos (* 1958)
Jungfernflug 117
In: Die Tage waren wie Ballons. Schneekluth Verlag, München 1991. © Barbara Maria Kloos

Gertrud Kolmar (1894–1943)
Die Verlassene 69
In: Das lyrische Werk. Gedichte 1927–1937.
© 1960 Suhrkamp Verlag, Frankfurt am Main. Alle Rechte bei und vorbehalten durch Suhrkamp Verlag Berlin

Ursula Krechel (* 1947)
Die Kühle 62
Warnung 71
Hymne auf die Frauen der bürgerlichen Klasse 92
In: Nach Mainz! Gedichte. Deutscher Taschenbuch Verlag, München 1983. © Ursula Krechel
Hoden und Haben 113
In: Kakaoblau. Gedichte für Erwachsende. Residenz Verlag, Salzburg/Wien 1989. © Ursula Krechel

Else Lasker-Schüler (1869–1945)
Ein Liebeslied 45
In: Werke und Briefe. Kritische Ausgabe. Band 1: Die Gedichte.
© 1996 Jüdischer Verlag im Suhrkamp Verlag, Frankfurt am Main.
Alle Rechte bei und vorbehalten durch Suhrkamp Verlag Berlin

Christine Lavant (1915–1973)
Sind das wohl Menschen? 86
In: Die Bettlerschale. Gedichte. © 1986 Otto Müller Verlag.
Alle Rechte bei und vorbehalten durch Wallstein Verlag,
Göttingen

Friederike Mayröcker (* 1924)
wie ich dich nenne 35
In: Ausgewählte Gedichte 1944–1978.
© 1979 Suhrkamp Verlag, Frankfurt am Main. Alle Rechte
bei und vorbehalten durch Suhrkamp Verlag Berlin

Susanne Neuffer (* 1951)
maskerade 2 11
In: männer in sils-maria. gedichte.
© 1999 Maro Verlag, Augsburg

Dagmar Nick (* 1926)
An eine diffamierte Dame 91
In: Zeugnis und Zeichen.
© 1990 Rimbaud Verlagsgesellschaft, Aachen

Albert Ostermaier (* 1967)
blind date 120
In: Autokino. © 2001 Suhrkamp Verlag, Frankfurt am Main.
Alle Rechte bei und vorbehalten durch Suhrkamp Verlag Berlin

Gerald Zschorsch (* 1951)
Die Schöpfung 79
In: Zur elften Stunde. Gedichte.